AF402996

ABRÉGÉ

DE

LA VIE

ET DES OUVRAGES

DE M. FOURMONT.

ÉTIENNE Fourmont naquit le 23 Juin 1683 à Herbelay, Village peu diſtant de S. Denis, près Paris ; ſon pere y exerçoit en même tems la Chirurgie, & la Charge de Procureur Fiſcal. Le Curé du lieu fut ſon premier Maître, & lui enſeigna les premiers principes de la Langue Latine. Devenu orphelin de pere & de mere, il fut recueilli par M. Jomard, Chanoine de S. Merry, un de ſes oncles maternels, qui le fit venir à Paris, & le retira chez lui, où il ſe chargea de ſon éducation. Après l'avoir mis en état de faire des études plus reglées, il l'envoya au Collége Mazarin, où ſon aſſiduité au travail, ſa pénétration, ſoutenues d'un excellent naturel, attirerent bien-tôt ſur lui l'attention des Profeſſeurs, & lui concilierent l'eſtime & l'amitié de tous ſes Condiſciples.

Nous ne nous arrêterons point à décrire la rapidité de ſes progrès dans ces premieres années ; nous ne dirons rien du peu de tems qu'il employa à achever le cours de ſes études. Secondé d'un oncle habile dans la Littérature Grecque & Latine, M. Fourmont acquit de très-bonne heure une connoiſſance de ces deux Langues peu ordinaire à ſon âge. Il avoit la mémoire ſi heureuſe, qu'après avoir appris par cœur toutes les racines Grecques de Port-Royal, il les récitoit ſouvent en rétrogradant. Avec des diſpoſitions ſi décidées pour les Sciences, bientôt M. Fourmont ſe diſtingua de tous les autres Ecoliers ; on le propoſoit pour modele : enfin n'étant encore que Diſciple, il eut la noble audace d'entreprendre un ou

<table>
<tr><td>Tome I.</td><td style="text-align:right">A</td></tr>
</table>

vrage, qui ne feroit pas indigne d'un Maître. Ce font fes *Racines de la Langue Latine mifes en Vers François , avec les Dérivés au bas des Stances.* Lorfque ce Livre parut, il fut reçu du Public avec un applaudiffement général ; dès-lors ces fruits précoces firent concevoir d'heureufes efpérances des talens de ce jeune Auteur. Ces racines devinrent bientôt un Livre claffique, dans plufieurs Colléges : il fe préparoit à en donner une feconde édition ; mais fes premiers fuccès lui fufciterent des envieux, qui firent échouer fon deffein.

Au fortir de fa Rhétorique, M. Fourmont fut admis au Séminaire des Trente-trois : il y fit fon cours de Philofophie, & y prit le degré de Maître ès Arts. Il paffa enfuite à l'étude de la Théologie ; & peu content de fuivre les routes ordinaires de l'Ecole, il s'appliqua à la connoiffance des Langues Orientales, fi néceffaire pour l'intelligence du Texte facré. Le hazard lui avoit procuré dans cette Maifon une chambre voifine de celle de M. l'Abbé Sevin, qui étoit entré dans le même Séminaire dès l'année 1699. M. Fourmont y trouva encore quelques autres jeunes Eccléfiaftiques, qui témoignoient tous une louable émulation pour l'étude. Il ne balança point à lier avec eux une étroite amitié, fur tout avec M. l'Abbé Sevin, qu'un commerce intime lui rendit de jour en jour plus eftimable.

Ce fut dans quelques-uns de leurs entretiens fréquens, que ces jeunes éleves formerent le deffein de lire enfemble tous les Poëtes Grecs & Latins. Ils furent encouragés dans leur réfolution par le Docteur Boileau, frere du fameux Defpreaux, & par M. Chapellier, Grand Maître du Collége Mazarin, qui leur fourniffoient obligeamment tous les Livres, dont ils avoient befoin. Cette étude les occupa prefque toute l'année. A la lecture des Poëtes M. Fourmont joignoit de tems en tems quelques Leçons de la Langue Hébraïque, dans laquelle il étoit déja très-verfé. Mais parce que dans les Communautés les devoirs ordinaires emportent prefque toutes les heures de la journée, pour fatisfaire cette ardeur peu commune qu'ils avoient de fçavoir, ils hazarderent de lui facrifier une partie de leur repos, & de s'affembler pendant la nuit : on fçait que dans ces Maifons, toutes veilles, & fur tout les affemblées nocturnes, font féverement interdites. Ce fut ce qui troubla cet innocent commerce littéraire. Quelques précautions qu'ils priffent pour n'être point découverts, le Supérieur inftruit de ce qui fe paffoit, les difperfa d'abord en différentes Galeries. Mais ayant appris, que malgré fes défenfes ces jeunes gens avoient repris leurs conférences nocturnes, il jugea fagement, qu'il étoit inutile de vouloir mettre un frein au penchant qu'ils avoient pour l'étude. Du refte il confidéra que ces travaux extraordinaires n'alloient pas à moins qu'à altérer l'efprit de recueillement & de régularité, qui fait l'effentiel de ces Maifons, deftinées principalement à former de jeunes Eccléfiaftiques à la piété & aux bonnes mœurs : il crut devoir apporter à cette eſpéce de ſcandale un remede ſûr & efficace ; il ordonna donc à M. Fourmont & à M. l'Abbé Sevin de ſortir du Séminaire.

M. Fourmont ſe retira au Collége de Montaigu dans une chambre, qui avoit été celle d'Eraſme, & qui lui rappelloit ſans ceſſe le ſouvenir de cet homme célebre. Les murailles mêmes ſembloient lui inſpirer une eſpéce de reſpect : auſſi ne les couvrit-il que de quelques Théſes, ſur leſquelles il avoit dreſſé de longues liſtes des mots des différentes Langues auſquelles-il s'appliquoit. C'eſt dans cette retraite que M. l'Abbé Sevin lui rendoit de fréquentes viſites, & qu'ils continuoient de concert, avec plus d'ardeur que jamais, la lecture des meilleurs Poëtes & Orateurs Grecs : c'eſt à quoi ſe bornerent leurs premiers travaux littéraires ; M. l'Abbé Sevin ne voulut entendre parler ni d'Hébreu, ni d'aucune autre Langue Orientale. Anacréon attira d'abord leurs attentions. Dans les notes critiques qu'ils firent ſur cet agréable Poëte, ils s'attacherent à montrer, que juſqu'alors le texte de cet Auteur n'avoit été ni bien rétabli, ni par conſéquent bien entendu. Cet ouvrage rempli d'une critique également ſage & judicieuſe prouve combien l'un & l'autre étoient conſommés dans la Langue Grecque, & juſqu'à quel point ils en poſſédoient les délicateſſes & les beautés.

M. Fourmont ne ſe bornoit cependant point à cette Langue. Vers ce même tems il traduiſit le Commentaire du Rabin Aben-Eſra ſur l'Eccléſiaſte, & l'accompagna de notes choiſies tirées des meilleurs Auteurs Juifs. M. Pinſonnat qui fut nommé Examinateur du manuſcrit, conſeilla à l'Auteur de renoncer à ce genre de Littérature, qui n'étoit point alors à la mode. Mais M. Fourmont en jugea différemment : il perſiſta dans ſon deſſein, & il éprouva en effet dans la ſuite, que rarement une ſcience eſt floriſſante, lorſqu'on manque de Maîtres habiles pour l'enſeigner. Comme il poſſédoit les Langues Orientales à un degré de perfection, auquel peu de perſonnes ſont arrivées avant lui, il remit en vigueur cette étude étrangere ; par là il s'attira l'eſtime & l'amitié d'un grand nombre d'illuſtres Docteurs de la Maiſon de Sorbonne : tels furent MM. Salmon, Berthe, Bence & Vitaſſe. Aux uns il expliquoit les Homélies de S. Jean-Chryſoſtome, de S. Baſile, & les autres Ouvrages des Peres Grecs ; aux autres il enſeignoit les Langues Hébraïque & Syriaque. Dans ces Leçons, il ſçavoit ménager ſes heures de ſorte, que M. l'Abbé Sevin ſon ami trouvoit toujours le moyen d'y aſſiſter.

M. Salmon étoit alors occupé à former une Bibliothéque de Livres ſçavans, ſur tout en Théologie. Il eut recours à M. Fourmont pour certains Ouvrages rares & peu connus, & le pria de lui raſſembler tout ce qu'il trouveroit de bon & de curieux en ce genre. Charmés d'une occaſion ſi favorable de ſatisfaire la paſſion qu'ils avoient pour

les Lettres , M. Fourmont & M. l'Abbé Sevin résolurent d'en profiter , & convinrent avec le Docteur de ne lui remettre aucun Livre, qu'ils
n'en euffent fait la lecture auparavant. D'un autre côté M. Berthe & M.
Bence, dont les cabinets renfermoient un certain nombre de morceaux
curieux, fe faifoient un plaifir de les leur communiquer. A ces tréfors littéraires propres à nourrir & orner l'efprit, la fortune fembla vouloir
joindre les biens, dont elle feule eft la difpenfatrice. Ce fut en effet dans
ce tems-là, que le Chanoine M. Jomard propofa à M. Fourmont une
Chapelle de S. Merry qui vaquoit : mais la crainte de déplaire à quelques uns de fes parens jaloux de fon avancement, jointe à fon définté-
reffement ordinaire, ne lui permit pas d'accepter cette offre.

Du Collége de Montaigu M. Fourmont paffa à celui de Navarre , où
il eut occafion de lier connoiffance avec M. l'Abbé Capperonnier, &
de lui faire voir fon Anacréon. Ce Sçavant furpris d'une érudition fi
profonde dans un jeune homme de vingt-trois ans, parla de lui avec
éloge à M. Colleffon, Profeffeur en Droit. Ce fut fur le témoignage
de ce dernier, que M. Louvancy, Provifeur du Collége d'Harcourt ,
invita M. Fourmont à venir y enfeigner les Bourfiers. En même tems M.
le Duc d'Antin , dont les enfans étudioient alors dans ce Collége, le
chargea de veiller à leur éducation. Il feroit inutile d'entretenir ici le
Public des progrès rapides, que M. le Chevalier d'Antin, depuis Evêque Duc de Langres, fit fous un fi excellent Maître. Perfonne n'ignore
que dès la Rhétorique cet illuftre éleve étoit déja en état de lire par lui
même tous les Auteurs Grecs, & de répondre fur le texte Hébreu.

Dans ce tems là M. Fourmont qui fe croyoit né pour le Barreau, s'appliqua à l'étude de la Jurifprudence, & fe fit recevoir Avocat : mais
les confeils de M. Colleffon lui firent abandonner ce parti ; il reprit fes
premieres occupations, & fe confacra tout entier aux belles-Lettres. Sa
réputation tarda peu à le faire connoître de M. l'Abbé Bignon, le pere
& le protecteur des Sçavans, & qui avoit entrepris un ouvrage dans le
goût de la Bibliothéque de Photius, mais plus étendu. Dans ce deffein il
avoit chargé quelques perfonnes de mérite, de recueillir de toutes parts
ce qui pouvoit convenir à fon projet. M. Fourmont leur fut affocié à
la recommandation de M. l'Abbé Sevin ; alors retiré dans fon cabinet, il
donna tout fon tems à faire des extraits de divers Ouvrages : alors auffi
il commença à négliger , pour ainfi dire, fes anciens amis. Cette efpéce
d'indifférence les allarma : ils craignirent de perdre un homme, que des
connoiffances fupérieures jointes à fa politeffe, fa douceur & une af-
fabilité naturelle leur rendoient fi cher ; & pour profiter de ces qualités
rares, ils convinrent de s'affembler chez lui deux jours de la femaine,
pour y agiter toutes fortes de fujets de littérature.

Telle fut l'origine de ces conférences, que M. Fourmont ne difcon-

tinua jamais depuis, & qui ont été connues ſous le nom de Mércuria-
les, parce que dans la ſuite ſes occupations ne lui permettant plus de
les tenir deux fois la ſemaine, elles furent reſtraintes au ſeul Mercredi.
Dans ces aſſemblées, on ne s'en tint pas à la converſation, ni aux diſputes littéraires; on ſouhaita que le Public pût en tirer quelque fruit. Ce
fut dans ces vûes, que M. l'Abbé Sevin fit imprimer d'abord une diſ-
ſertation ſur Menès, premier Roi d'Egypte; l'année ſuivante il répon-
dit à la critique qu'on en avoit faite. M. Baſſelin travailla de ſon côté
ſur les idées du P. Malebranche : M. Taſſinon publia ſes Remarques
ſur les caractéres de Corneille & de Racine, donné par M. de la Bruyere;
& M. de Sautour ſes Notes ſur le Concile de Néocéſarée. Quelques autres membres de l'aſſemblée ſe contentoient de lui communiquer léurs
Ouvrages. M. Gillet de Moivre, Avocat au Parlement, y liſoit de tems
en tems quelques endroits de ſa traduction en vers François des Poëſies
de Tibulle, de Properce & de Sapho, & de ſon Traité de la corrup-
tion de l'Hiſtoire & du goût par les Romans. Pour répandre une cer-
taine variété dans ces lectures, M. Beneton de Perrin les entremêloit
de quelques morceaux de ſes Ouvrages ſur les matiéres Militaires, qui
ont été imprimés depuis. Si l'on en croit une tradition particuliére qui
s'eſt conſervée parmi eux, on doit à ces conférences le Dictionnaire Néo-
logique : un mot ſingulier & noûveau échappé au hazard en fit naître l'i-
dée à M. de Mongenault, Avocat au Parlement, qui l'exécuta. A l'é-
gard de M. Fourmont, que ſon goût particulier entraînoit vers l'étude
de l'Ecriture ſainte, le Commentaire de Dom Calmet lui fournit l'occaſion de mettre au jour deux Lettres, dans leſquelles il attaque ce ſça-
vant Bénédictin ſur quelques paſſages de la Genèſe. Son deſſein étoit d'en
publier un plus grand nombre ſur l'ouvrage entier, lorſque les affaires
qu'on lui ſuſcita à ce ſujet, l'en détournerent. Des paſſages tronqués,
& dénués de l'accompagnement qui peut ſeul en déterminer le ſens,
furent employés pour ternir la pureté de ſa foi, & pour la rendre ſuſ-
pecte à M. le Cardinal de Noailles.

M. Fourmont étoit accuſé auprès de S. E. de favoriſer certaines Sec-
tes, & de jetter des doutes ſur pluſieurs articles fondamentaux de la Religion. Plus ces imputations étoient graves, plus il fut aiſé à l'Accuſé
de s'en juſtifier. Perſonne en effet ne s'étoit jamais élevé plus haute-
ment que lui contre les ſentimens de ceux qui ſe ſont ſéparés de l'uni-
té, & ne les avoit combattus avec plus de zéle. Il eſt vrai que dans l'explication des Prophéties, il ſembloit quelquefois s'écarter de l'application littérale qu'on en fait ordinairement au Meſſie, qu'il reconnoiſſoit
d'ailleurs figuré ſenſiblement dans les perſonnages, & dans les évene-
mens qu'il croyoit avoir été leur premier objet. Mais bien loin de lui
être particulier, ce ſentiment avoit été ſoutenu avant lui par de très

ſçavans Critiques, tous reconnus pour orthodoxes. Du reſte il étoit ſi éloigné de vouloir affoiblir la force de celles, d'où nos Théologiens tirent leurs preuves les plus victorieuſes contre les Sectaires, qu'il les reconnoiſſoit purement & abſolument relatives au Sauveur. Il avoit même dans ſes entretiens particuliers avec ſes amis un terme familier, mais bien énergique pour les déſigner, & qui exprime parfaitement la conviction intime où il étoit du ſens de ces Prophéties : celles-là, diſoit-il, ſont *poignardantes*.

Quelque mal fondées que fuſſent ces Accuſations, il ſe crut obligé d'y répondre. Il le fit par une Lettre adreſſée à S. E. où il démontra que non-ſeulement il n'avoit rien avancé de contraire à ce qu'ont ſoutenu les Docteurs les plus Catholiques, mais qu'ils l'avoient dit même en termes beaucoup plus forts, que ceux qu'il avoit employés.

Ainſi bien loin de nuire à la réputation de M. Fourmont, ces diſputes ne ſervirent qu'à le rendre plus célebre. M. le Cardinal de Noailles, convaincu de ſon orthodoxie, ne ceſſa depuis de lui donner des marques de ſon eſtime & de ſa bienveillance ; il l'exhorta lui-même à ne point abandonner l'étude de l'Ecriture ſainte, pour laquelle il remarquoit en lui des talens ſupérieurs. Ce furent ces mêmes talens, qui porterent M. le Comte de Tolede, Grand d'Eſpagne, & Ambaſſadeur de S. M. C. à la Cour de France, à rechercher avec empreſſement M. Fourmont, & à répandre ſur lui des marques de ſa généroſité & de ſa magnificence. Tous les jours ce Miniſtre donnoit quelques heures de ſon loiſir, à s'entretenir avec lui ſur la littérature Grecque & Latine, & ſur les Langues Orientales. C'eſt à ces converſations que nous ſommes redevables des Etymologies de la *Langue Latine*, que M. Fourmont dédia à cet Ambaſſadeur. Son Excellence en fut ſi contente, qu'elle voulut engager l'Auteur à aller s'établir en Eſpagne, où elle lui faiſoit eſpérer une fortune conſidérable. Sur ſon refus, dont ce Seigneur approuva les raiſons, il voulut du moins lui donner une marque ſenſible de ſon eſtime, & auſſi-tôt après ſon retour à Madrit, il lui aſſura une penſion, qui a été payée exactement juſqu'à la rupture entre les deux Couronnes en 1719.

Honoré des Etrangers, eſtimé des Sçavans, chéri & protegé des perſonnes les plus diſtinguées, M. Fourmont tarda peu à être admis aux premiéres places de la Littérature. M. Bodelot le nomma d'abord à ſon inſçu éleve à l'Académie Royale des Inſcriptions & Belles-Lettres ; c'étoit alors la coutume que chaque Penſionnaire s'en choiſît un, qu'il préſentoit enſuite à la Compagnie. La nomination de M. Fourmont fut approuvée tout d'une voix ; & par une diſtinction flatteuſe il fut exemté du cérémonial ordinaire. Deux ans après, une des Chaires Arabes du Collége Royal étant vacante par la mort de M. Galland,

M. le Comte de Maurepas, toujours attentif à difcerner le mérite, & à le récompenfer, nomma au Roi M. Fourmont pour la remplir. En cette qualité il prêta ferment de fidélité entre les mains de M. le Cardinal de Rohan, & eut l'honneur d'être préfenté enfuite à S. M. par cette Eminence. A cette occafion l'Académie des Belles-Lettres le fit paffer à la claffe des Affociés, ne croyant pas qu'un Profeffeur Royal d'un mérite fi diftingué dût porter le fimple titre d'Eleve.

Alors uniquement occupé à juftifier par fes travaux l'idée avantageufe qu'on avoit conçue de lui, & ne fe propofant pour but que l'utilité publique, M. Fourmont confacra avec plaifir les plus belles années de fa vie à faciliter l'étude des Langues ; étude féche & rebutante, capable par fes difficultés d'arrêter à chaque pas ceux qui s'y appliquent. Dans cette vûe il compofa une Grammaire de la Langue Arabe, plus méthodique que celles qui avoient paru jufqu'alors. Il s'appliqua furtout à la rendre claire & facile : mais il en facilitoit encore plus l'ufage par fes leçons, qu'il rendoit curieufes & intéreffantes, tant il s'attachoit à les varier, & à les rendre utiles par toutes les richeffes des Orientaux, qu'il fçavoit y femer fi à propos.

Tout ce qui pouvoit contribuer au bien & à l'illuftration du Collége Royal, fut toujours un de fes principaux objets. Zélé pour l'honneur d'un établiffement fi célebre, il n'avoit rien tant à cœur, que d'y attirer un grand nombre d'Auditeurs : il ne négligeoit de même aucune occafion de fe fignaler pour l'avantage particulier des Profeffeurs. Ceux de l'Uverfité étant allés remercier M. le Duc d'Orleans, Régent du Royaume, du fond des Penfions que S. M. leur avoit accordées, M. Fourmont demanda au Prince la même grace pour les Profeffeurs du Collége Royal ; & il l'eût obtenue, fi la mort de M. le Régent arrivée peu de tems après n'eût fait échouer ce projet. La mort de M. Pinfonnat lui fournit enfuite un nouveau moyen, de faire éclater ce même zéle. Pendant les trois mois qui s'écoulerent jufqu'à la nomination d'un nouveau Profeffeur, il remplit lui-même la Chaire Hébraïque, que cet habile homme laiffoit vacante ; & outre fes Leçons de la Langue Arabe, il expliqua dans cet intervale les principales difficultés des Pfeaumes & des Cantiques facrés.

On fçait combien M. Fourmont étoit verfé dans ce genre de littérature : il poffédoit la Langue Hébraïque au point d'être en état de le difputer à cet égard aux Rabbins les plus fçavans. Auffi fouffrit-il fort impatiemment les nouveautés, que M. Mafclef vouloit introduire dans la Grammaire Hébraïque. En toute occafion, dans fes Leçons publiques & dans des Differtations particuliéres, il les combattoit vivement. Un fyftême qui, felon lui, détruifoit toute l'analogie de la Langue fainte, qui anéantiffoit ce que nous appellons Déclinaifons & Conjugaifons, qui

jettoit fur tous les mots une ambiguité propre à rendre le Texte facré
fufceptible des interprétations les plus arbitraires, tout cela lui paroif-
foit infoutenable. Il ne concevoit pas, que les Langues des Barbares
de l'Amérique admettant différentes infléxions, pour varier les Tems,
les Mœufs & les Perfonnes, la Langue Hébraïque, la plus réguliere &
la plus analogique de toutes les Langues, pût feule être privée de ces
avantages. Cependant malgré fes efforts, les apparences trompeufes,
une efpérance imaginaire de lire plus facilement l'Hébreu fans les points
voyelles, féduifirent quelques perfonnes. Tel fut M. Pourchot, qui
après avoir renoncé à l'étude de la Philofophie, qu'il avoit enfeignée
avec beaucoup d'éclat, voulut fuivant ces nouveaux principes enfeigner
publiquement l'Hébreu dans la Chaire de S. Thomas aux Jacobins :
mais il trouva dans M. Fourmont un puiffant antagonifte. Il donna au
Collége d'Harcourt des Leçons publiques de la Langue Hébraïque, &
s'attacha à réfuter les idées de M. Mafclef. Il compofa auffi à ce fujet
une Grammaire de cette Langue, dans laquelle il expofe fes principes
avec beaucoup de clarté & de précifion : les Racines Hébraïques s'y
trouvent en vers François, avec les Dérivés aux bas des Stances. Ce fut
par le fecours de ces deux derniers ouvrages, que M. l'Evêque Duc de
Langres fit dans l'Hébreu des progrès, qui fembloient tenir du pro-
dige.

Comme M. Fourmont avoit un talent fingulier pour les Ouvrages de
cette efpéce, il fit des Remarques fur la Langue Latine & fur la Tur-
que ; il compofa une Grammaire de la Langue Perfane, & mit en vers
François les Racines des Langues Arabe & Syriaque. Mais il ne fit rien
en ce genre de plus utile pour le Public, que fa Grammaire de la Langue
Grecque, & le Dictionnaire qu'il y a joint. Il y établit de nouveaux
principes, il arrange les Conjugaifons dans un ordre plus facile, &
prouve que les Grammairiens peu inftruits ont rendu l'étude de cette
Langue beaucoup plus épineufe, qu'elle ne l'eft en effet.

Il entreprit encore, à l'exemple de plufieurs Sçavans, de donner fes
conjectures fur la Langue de nos premiers Peres : nous difons, fes
conjectures; il feroit ridicule de prendre le ton affirmatif dans des matiéres auffi incertaines. Dans cet Ouvrage les opinions des anciens Peuples fur ce fujet, celles des Auteurs Payens, des Arabes, des Juifs &
des Chrétiens, font d'abord expofées en peu de mots, & toutes réfutées,
comme n'étant gueres fondées que fur la prévention. Enfuite pour parvenir à la connoiffance de cette Langue inconnue, l'Auteur pofe trois
principes, d'où il tire ces conféquences : Que l'homme a compofé lui-
même la premiere Langue; Que fes mots ont été prefque tous monofyl-
labes; & qu'ils fe trouvent la plûpart dans l'Hébreu, l'Arabe, le Syriaque, le Chaldéen & l'Ethiopien, fœurs & filles de cette premiere Langue
perdue.   Telles

Telles furent les occupations qui précéderent ou qui fuivirent la nomination de M. Fourmont à la Chaire du Collége Royal. Peu de tems **1716.**
après il entra dans une nouvelle carriére, moins pour défendre ou pour
affaillir, que pour mettre la paix entre les combattans. Une difpute fa-
meufe partageoit alors la plûpart des Sçavans. Les uns faifant peut-
être fonner un peu trop haut le mérite de Anciens, prétendoient établir
leur fupériorité fur les ruines de tout ce que les Modernes ont pû pro-
duire : d'autres trop prévenus fans contredit en faveur des derniers, trou-
voient à peïne dans les Anciens quelques morceaux qui pûffent etre
comparés avec ce que les Ecrivains des derniers tems ont produit de
beau. M. Fourmont crut qu'il pourroit les mettre d'accord. Dans ce
deffein il publia un Examen pacifique, où fans prendre parti, & feule-
ment en qualité de Médiateur, il fe propofoit de péfer les raifons qu'on
alléguoit de part & d'autre : mais on fit peu d'attention à l'équité & à
la modération du Conciliateur ; chacun perfifta des deux côtés dans
fes préjugés, & conferva fes idées.

M. Fourmont fut enfuite nommé par S. M. Commiffaire avec M. le
Comte de Maurepas & M. de Boze pour le recollement des Livres de la **1720.**
Bibliothéque du Roi, & du Cabinet des Médailles. Il fut chargé fuc-
ceffivement de ces deux commiffions, & il s'en acquitta pendant le cours
de l'année 1720.

Deux ans après quelques troupes Ruffiennes qui avoient pénétré dans
le pays des Calmouks, trouverent dans ces lieux fauvages une efpéce **1722.**
de Bibliothéque de Livres finguliers, foit pour la forme, foit pour le
caractére. Le Soldat rebuté d'abord de leur figure bifarre, n'en tint aucun compte ; tout fut réduit en cendres : il ne s'en conferva que quelques feuilles, que des Officiers de retour à Peterfbourg préfenterent au
Czar Pierre le Grand. Ce Prince qui dans le fein de l'ignorance & de
la barbarie, travailloit depuis long-tems à ouvrir dans fes Etats une en-
trée aux Sciences & aux beaux Arts, confulta inutilement fur cette écriture tous les Sçavans de fon Empire, & ceux des différentes Univerfi-
tés du Nord, pour fatisfaire fa curiofité ; il s'adreffa donc à M. l'Abbé
Bignon & à l'Académie des Belles-Lettres. A l'infpection feule de la feuille
qu'il avoit envoyée, MM. Fréret & Fourmont reconnurent la Langue &
l'écriture des Lamas du Thibet. Le premier qui poffédoit alors un Dictionnaire de cette Langue, le confia volontiers à M. Fourmont, qui
étoit chargé de déchiffrer cette feuille. Il s'y appliqua de concert avec
fon frere, qu'il s'affocia dans ce travail pénible par le confeil même de
M. l'Abbé Bignon, afin qu'il eût un titre qui pût lui fervir, lorfqu'il
fe préfenteroit à l'Académie des Belles-Lettres. Après avoir achevé enfemble cette traduction, ils eurent l'honneur de la préfenter à S. M. ac-
compagnés de M. de Boze, Sécretaire de l'Académie, & introduits par

Tome I.   B

M. l'Abbé Bignon : on en fit une copie, qu'on envoya au Czar, & que M. Bayer a fait imprimer dans son *Musæum Sinicum.* Cette feuille étoit un fragment d'un Sermon composé à l'honneur d'un Santon ; & l'Auteur s'y proposoit de prouver l'immortalité de l'ame, par la comparaison des circonstances différentes, qui distinguent la fin de l'homme de celle des animaux.

Quoique M. Fourmont eût employé à cette traduction un tems assez considérable, il publia dans la même année, sous le nom de Rabbi Ismaël, Juif converti, une Lettre adressée à M. Houtteville. Il y blâme le style peu naturel de ce sçavant Abbé dans son Livre de *la Religion prouvée par les faits*, censure la méthode de cet Ouvrage, & indique les fautes dans lesquelles l'Auteur est tombé au sujet des Rabbins.

Ce fut sous le même nom emprunté de Rabbi Ismaël, que M. Fourmont donna l'année suivante son *Mouacah*, ou Ceinture de douleur ; c'est une réfutation du Livre intitulé : *Régles pour l'intelligence des saintes Ecritures*, attribué à M. l'Abbé d'Asfeld. Voici le jugement que le sçavant Pere de Tournemine Jésuite porta de cet ouvrage dans une Lettre adressée à M. Fourmont. » Tous les Rabbins, dit-il, vous sont familiers : » Je vous prie de faire mes remercimens au sçavant & à l'ingénieux Is- » maël-ben-Abraham, aussi redoutable la plume à la main, que le pre- » mier Ismaël dans la guerre. Le pauvre M. d'A . . ne résistera pas à un » Adversaire, qui ne lui passe aucune contradiction, aucun écart d'ima- » gination ; qui le met en opposition avec S. Cyprien, sans quil puisse » se justifier à force de phrases. L'allégorie de l'Iliade m'a diverti ; je » voudrois seulement, que le Rabbin nouveau converti ne poussât pas » si loin sa haine pour l'allégorie.»

· A ces ouvrages Théologiques, nous joindrons ceux que M. Fourmont composa pour l'éclaircissement de l'Ecriture sainte. Les plus considérables sont la Poëtique des anciens Hébreux, le Commentaire sur les Pseaumes, & l'explication de l'Apocalypse.

Dans la Poëtique, après avoir examiné l'origine de la Poësie en général, & les sentimens différens des Sçavans sur celle des Hébreux en particulier, il montre, que cette derniére étoit une Poësie rimée. Il en indique les différentes espéces, & fait connoître les différentes sortes de Vers & de Strophes qu'elle admettoit. Ces recherches semblent assez indifférentes ; cependant elles répandent de grandes lumiéres sur plusieurs questions de Critique assez obscures : sur la prononciation de l'Hébreu, par exemple ; sur l'ancienne maniére d'écrire des Israëlites ; sur quelques passages difficiles, & sur plusieurs différences qui se rencontrent entre la Massore & le texte ancien des Septante. Dans ce Traité on trouve aussi quelques digressions curieuses sur la Poësie des Arabes, des Syriens, même des Grecs, des Latins & des François.

Dans son Commentaire sur les Pseaumes, M. Fourmont déploye toute son érudition Hébraïque, & sa grande connoissance de l'Histoire des Juifs. Les Pseaumes y sont rétablis dans la forme naturelle & ancienne, qu'ils avoient originairement, selon l'Auteur, c'est-à-dire, en Vers : on fixe le sujet qui a donné occasion à chaque Pseaume ; on en éclaircit les endroits obscurs, & on joint une nouvelle version Latine au Texte Hébreu & à celui de la Vulgate. C'est de tous les Ouvrages de M. Fourmont, celui qu'il a le plus chéri, & celui aussi qui a été le plus recherché des Sçavans. Il eut plusieurs fois l'honneur d'en entretenir M. le Duc d'Orléans Régent, qui charmé de l'ordre & de l'érudition qui y regnoient, avoit résolu de le faire imprimer au Louvre. La mort de ce Prince rendit encore ce projet inutile. M. le Duc d'Orléans son fils, qui en 1742. gratifia l'Auteur d'une Charge de Sécretaire ordinaire de ses Commandemens, a daigné aussi plus d'une fois jetter les yeux sur cet Ouvrage.

Le Commentaire sur l'Apocalypse, quoique d'un volume moins considérable, n'est cependant pas moins curieux, par le système ingénieux que l'Auteur entreprend d'y établir. Les Luthériens, les Calvinistes, les Anabaptistes & autres Sectaires ont voulu trouver dans ce Livre mystérieux le Pape & toute l'Eglise Romaine ; d'autres en plus grand nombre ont crû y remarquer une suite de Prophéties sur la fin du monde. M. Fourmont prend une route fort différente ; il prétend que l'Apocalypse n'est autre chose qu'un tableau, ou une récapitulation symbolique de tous les Livres de l'Ecriture. Moyse ou le Pentateuque, par exemple, y est représenté par une vision ; Josué, par une autre : Isaïe est un des sept Anges sonnans de la Trompette ; & cette fameuse Bête si difficile à trouver est un Prince regnant alors, dont le nom renferme précisément les 666 années contenues dans celui de la Bête. Enfin la grande Prostituée qui a tant donné la torture aux Commentateurs, est la Ville de Jérusalem livrée à toutes sortes d'abominations. A la tête de l'Ouvrage on trouve quelques préliminaires, où l'Auteur examine le tems auquel St. Jean a écrit l'Apocalypse, la forme de la narration qui y regne, & la Langue originale dans laquelle ce Livre a été composé.

La sécheresse & l'ennui inséparables de tout ce qui a l'air de Catalogue, nous font passer sous silence plusieurs autres Ouvrages de M. Fourmont. Leur grand nombre, & les bornes que nous nous sommes prescrites, nous permettent à peine d'en faire l'énumération, loin d'entrer à cet égard dans les détails qu'ils méritent. Son Traité seul sur les *Abraxas* demanderoit une dissertation entiére. Pour abréger, nous nous attacherons seulement à faire connoître le nouveau genre de travail, auquel il consacra presque tout le reste de sa vie ; travail qui, après les efforts inutiles de tant de Sçavans, paroissoit ne devoir jamais réussir.

Un jeune Chinois nommé Arcade Hoam-gé, de la Province de Fokïen, avoit été amené en France par M. l'Evêque de Rofalie en qualité de Sécretaire. M. l'Abbé Bignon toujours zélé pour le progrès des Lettres, inftruit de l'arrivée de ce jeune Etranger, crut ne devoir pas laiffer échapper une fi belle occafion, de procurer à l'Europe la connoiffance de la Langue & des Livres Chinois. Il préfenta M. Hoam-gé au Roi, qui l'attacha à fa Bibliothéque en qualité d'Interpréte pour la Langue Chinoife. Les premiers travaux de ce jeune homme n'eurent pas un fort grand fuccès : peu inftruit de notre maniére d'étudier, ignorant même ce que c'étoit qu'une Grammaire, il s'amufoit d'abord à dreffer de petits Vocabulaires, & à traduire des Romans. Touché de l'inutilité de ces Ouvrages, M. Fourmont l'engagea à compofer une Grammaire & un Dictionnaire de la Langue Chinoife. Rien de plus informe que cette efpèce de Grammaire ; le Dictionnaire même ne montoit qu'à un très-petit nombre de caractéres, lorfque la mort arrêta le cours des travaux de M. Hoam-gé. Alors M. Fourmont fut chargé par ordre du Roi d'examiner tous fes papiers , & de voir s'il reftoit quelque efpérance de pouvoir continuer cette entreprife. En effet, après un examen férieux, il crut qu'avec un travail affidu il étoit poffible de tirer quelque avantage de ces fragmens ; & en conféquence il fe donna tout entier à l'étude de la Langue Chinoife. S. M. lui accorda en cette occafion une petite gratification annuelle, avec pouvoir d'en difpofer à fa volonté en faveur d'une perfonne, qui le foulageroit dans un travail fi pénible. M. l'Abbé Fourmont fon frere fe préfenta d'abord pour y être employé : mais il fe dégoûta dans la fuite, & abandonna abfolument l'étude du Chinois.

Ce fut en 1719. que M. Fourmont commença à mettre au jour les premiers fruits de fes travaux fur cette Langue : il fit imprimer cette année les Clefs Chinoifes, dont il préfenta un exemplaire à M. le Duc d'Orléans Régent du Royaume. Il s'appliqua enfuite à compofer une Grammaire & différens Dictionnaires de cette Langue, pour l'impreffion defquels S. M. fit graver un très-grand nombre de caractéres. Chargé feul du foin de l'exécution, M. Fourmont étoit obligé de marquer ceux qui devoient être deffinés, d'en revoir les épreuves, & de remettre enfuite tous ces caractéres dans l'ordre qu'ils devoient tenir.

La Langue Chinoife n'a pas, comme toutes les autres, un Alphabet compofé d'un certain nombre de lettres, ou caractéres. Tout y eft monofyllabique, & chaque mot y forme un caractére particulier ; enforte que l'on compte autant de lettres ou de figures dans cette Langue, qu'elle renferme de mots, ou d'idées différentes. De-là il s'enfuit, qu'après une étude de toute fa vie, un Chinois ne fçauroit parvenir à lire fa Langue, foit par le grand nombre de ces figures, foit parce qu'elles n'ont aucun rapport aux fons qui y font attachés. Cependant, comme en ignorant, par exemple, le fon de la figure 4, nous pouvons fçavoir fa fignification : de même un caractére Chinois peut être entendu, fans qu'on fçache la maniére dont il fe prononce. Par ce moyen il eft poffible de comprendre le fens d'une phrafe Chinoife, fans la lire. D'ailleurs pour l'intelligence des Auteurs Chinois, il n'eft pas néceffaire d'avoir dans fa mémoire cette multitude prodigieufe de caractéres, dont leur Langue eft compofée ; fept ou huit mille fuffifent pour entendre les Livres ordinaires : les autres ou ne font plus en ufage, ou font particuliers à certaines Sciences & à certains Arts. Un Hiftorien connoît les caractéres néceffaires au ftyle Hiftorique ; un Aftronome ou un Géométre, ceux qui font propres à l'Aftronomie & à la Géométrie, &c. D'où il réfulte, que nous devons beaucoup rabattre de l'idée qu'on fe forme communément des difficultés de la Langue Chinoife. Faute d'avoir fait ces réflexions, le Public regarda l'entreprife de M. Fourmont, comme un projet chimérique : la prévention générale où l'on eft, qu'on n'entend parfaitement une Langue, qu'autant qu'on a vêcu dans le païs même où elle fe parle, ne contribua pas peu à fortifier cette idée. Ce n'eft point ici le lieu d'examiner, fi ce préjugé eft bien ou mal fondé : la queftion femble décidée par l'exemple de plufieurs Sçavans, qui fans jamais avoir voyagé en Orient, nous ont donné d'excellens Ouvrages fur la littérature Orientale.

Quoiqu'il en foit, ces foupçons défavantageux répandus fi injuftement contre les Ouvrages Chinois de M. Fourmont, femblerent le décourager. Il abandonna cette étude pour un tems, & s'appliqua à revoir différentes notes, qu'il avoit faites autrefois fur le fragment de Sanchoniathon. Il en compofa un corps complet, qu'il publia enfuite en deux volumes *in-4°.* fous le titre de *Réflexions Critiques fur les Hiftoires des anciens Peuples* : cet Ouvrage reparoît aujourd'hui fous le même titre chez le fieur de Bure l'aîné, augmenté d'une Table des matiéres néceffaire pour faire ufage d'un Livre, où l'on ofe dire que le fçavoir eft prodigué. A l'égard du mérite de l'Ouvrage, nous renvoyons aux différens Journaux de ce temps-là, fur-tout au Mercure Suiffe du mois de Novembre 1736.

Après la publication des Réflexions critiques, M. Fourmont reprit fes travaux Chinois, & donna au Public les *Meditationes Sinicæ*, qui renferment les préliminaires de la Grammaire, & l'explication de tout le technifme de la Langue Chinoife. Et parce qu'on lui avoit reproché, de n'avoir pas affez fait connoître les fecours, dont il s'étoit fervi pour compofer fes Ouvrages en cette Langue, il employa dans celui-ci un chapitre entier à en donner un long détail. Cinq ans après parut fa Grammaire Chinoife défirée depuis fi long-tems.

C'eft ici proprement, qu'on doit fixer le terme des travaux littéraires de M. Fourmont, travaux qui lui acquirent l'eftime générale de tous les Sçavans de l'Europe & des Académies étrangéres, dont plufieurs fe firent un honneur de se l'approprier. En 1738. la Société Royale de Londres l'admit au nombre de ses membres ; & en 1741. celle de Berlin suivit le même exemple. Il étoit en commerce avec tout ce que les pays étrangers avoient de Sçavans des plus illustres ; tels sont M M. Schultens, Mortimer, Gagnier d'Oxfort, Callenberg, Claudius, Desjariges, Desvignoles, Bayer, & une infinité d'autres, qui ne cessoient d'admirer ses rares talens. Voici de quelle maniére M. de la Croze s'en exprime dans une Lettre adressée à M. Jordan de Berlin, qui en envoya une copie à M. Fourmont. » Je n'ai point de termes, pour vous expliquer suffisam-» ment le plaisir que j'ai pris, je ne dis pas à lire, mais à dévorer le Ca-» talogue des Ouvrages de M. Fourmont. Le mérite de ce grand Homme » ne m'étoit pas encore connu dans toute son étendue. . . Bien des gens » admireront son grand génie & son vaste sçavoir : mais peu le feront avec » connoissance de cause. « Sans quelques considérations particuliéres, M. Jordan eût dédié à M. Fourmont la Vie de M. de la Croze, comme il le marque daus une de ses Lettres,

L'étude de la Langue Chinoise avoit encore mis M. Fourmont en relation avec plusieurs Missionnaires des Indes & de la Chine, sur-tout avec le P. de Prémare, qui fut un de ses plus intimes amis. Cependant ils ne s'étoient jamais vûs : le seul amour du Chinois, dont ce Missionnaire avoit une connoissance parfaite, les avoit unis, quoiqu'ils fussent séparés de tout l'Hémisphére ; car le P. de Prémare étoit alors à la Chine, où la réputation de M. Fourmont avoit pénétré. C'est à ce commerce, que nous sommes redevables de plus de deux cens volumes Indiens, qu'on voit aujourd'hui à la Bibliothéque du Roi, & d'un grand nombre de Livres Chinois, dont M. Fourmont avoit envoyé des Catalogues à la Chine,

Dès l'année 1740. il avoit eu une attaque d'apopléxie, qui s'étant fixée sur la Langue, lui ôtoit la facilité de la prononciation. C'étoit la seule incommodité qui lui restât de cette maladie, lorsqu'en 1745. il en ressentit une nouvelle attaque, qui l'emporta le 18 Décembre après un mois & demi de maladie. Il étoit alors âgé de 62 ans. Il mourut avec tous les sentimens d'un parfait Chrétien, après avoir été administré quelques jours auparavant par les mains de M. le Curé de S. Nicolas du Chardonnet, son Pasteur. Dans cette derniere maladie il conserva une connoissance parfaite jusqu'au dernier moment, qu'il vit approcher sans effroi, & auquel il se préparoit depuis un an, en mettant ordre à ses affaires. Il n'a point eu d'enfans de deux mariages, le premier contracté en 1711. avec Françoise Bourlet de Douzi, le second en 1737. avec Anne-Marguerite Mallet. Son corps est inhumé dans l'Eglise de S. Nicolas du Chardonnet, vis-à-vis le tombeau de M. l'Abbé Bignon son protecteur.

M. Fourmont étoit d'une constitution saine & robuste. Il avoit toujours joui d'une fanté parfaite, fi l'on en excepte quelques maux d'yeux aufquels il fut fujet, & qui étoient occafionnés par une lecture fatigante, fouvent prolongée dans la nuit. En 1709. pour avoir lû le Talmud avec trop d'application, il fut privé totalement de la vûe pendant l'efpace de huit jours, & défefpera même de pouvoir jamais la recouvrer. Le chagrin qu'il en conçut lui fit verfer des larmes, qui furent le principe de fa guérifon.

Simple dans fes mœurs, il joignoit à des manieres gracieufes & engageantes un efprit net & pénétrant, une imagination vive, & une mémoire heureufe, qui dans la converfation lui fournilloit mille traits de Littérature également curieux & intéreffans. Pour juger fainement de fa facilité prodigieufe, il fuffit de fçavoir qu'il avoit appris le Latin, le Grec, l'Hébreu, l'Arabe, le Syriaque, le Chaldéen, le Samaritain, le Rabbinique, l'Ethiopien & le Chinois; qu'il avoit une teinture affez grande du Turc, du Perfan, du Thibetan & de l'Indien; enfin qu'il étoit en état d'entendre tous les Livres écrits en Anglois, en Italien, en Efpagnol, & même en Allemand. Il avoit fur tout pour la Poëfie un goût, que peu de gens ont porté auffi loin que lui. Homére, Virgile & tous les grands Poëtes de l'Antiquité lui étoient familiers : il en poffédoit toutes les beautés; il en faifoit même remarquer plufieurs, qui avoient échappé aux plus habiles Commentateurs. Il avoit une oreille délicate pour les Vers; familiarifé avec l'harmonie de ceux de l'Iliade & de l'Enéide, il étoit bien propre à la faire paffer par fes confeils jufques dans notre verfification, autant du moins qu'elle peut en être fufceptible. On ofe dire que fur la Poëfie en général il avoit des lumiéres, qui ont manqué à nos plus grands Poëtes.

La Bibliothéque de M. Fourmont étoit devenue celle de tous fes amis, & de tous les Sçavans. On s'eft plaint qu'il étoit trop avare de fes connoiffances : il feroit à fouhaiter qu'il eût mérité ce reproche ; plufieurs de fes Ouvrages nous feroient demeurés entiers, entr'autres fon Commentaire fur les Pfeaumes. Nous aurions de même fes remarques fur Ifaïe, perdues à la mort de M. l'Abbé Guijon fon ancien difciple.

Sa famille, quoi que nombreufe, n'a pas imploré en vain fon fecours. Il a retiré plufieurs de fes neveux, & a fait pour eux tout ce qui pouvoit contribuer à leur avancement dans la Littérature. Son frere, M. l'Abbé Fourmont, à l'âge de vingt-trois à vingt quatre ans ne fçavoit pas encore le Latin. M. Fourmont paffa plufieurs années à le lui enfeigner, ainfi que le Grec, & quelques-unes des Langues Orientales. Par là il le mit en état de remplir les places de l'Académie & du Collége Royal, qu'il parvint à lui procurer dans la fuite.

CATALOGUE
DES OUVRAGES
DE
M. FOURMONT L'AÎNÉ.

OUVRAGES IMPRIMÉS.

1. Racines de la Langue Latine, mises en Vers François. Paris, 1706, chez le Mercier.
2. L'ettres à Mr ** sur le Commentaire du Pere Calmet. Premiere Lettre, sur l'Auteur du Pentateuque & l'autorité des Rabbins. Paris 1709, chez Delaune & Musier. Seconde Lettre, sur la maniere de prouver la création par la Genèse. Paris 1710. chez les mêmes.
3. Supplique à M. M. du Clergé de France : c'est une feuille imprimée en 1710. dans laquelle il parle de quelques-uns de ses Ouvrages.
4. Voyage du sieur Paul Lucas, fait par Ordre du Roi, dans la Grèce, l'Asie Mineure, la Macédoine & l'Afrique, &c. 2. vol. in-12. Paris 1712. Ce voyage a été rédigé par M. Fourmont sur les Mémoires de Paul Lucas.
5. Œuvres de Virgile in-16. Paris chez Rollin & Musier.
6. Œuvres d'Horace, grand in-12. Paris chez Musier.
7. Différentes Leçons de *Minutius Felix*, tirées d'un Manuscrit de la Bibliothéque du Roi, imprimées à la tête d'une Edition d'Hollande.
8. Différentes Leçons du N. T. tirées d'un grand nombre de Manuscrits de la Bibliothéque Royale, envoyées à M. Kuster en Hollande, qui en a fait usage.
9. Explication de la feuille écrite dans la Langue des Lamas du Thibeth, imprimée dans la Grammaire Chinoise de M. Bayer en 1730.
10. Examen Pacifique de la querelle de Madame *Dacier* & de Mr. *de la Mott* sur Homere, avec un Traité sur le Poëme Epique, & la Critique de deux Iliades, & de plusieurs autres Poëmes. Paris 1716. chez Rollin
11. Les Clefs Chinoises en table, avec leurs significations à côté. Paris chez Bullot 1719.
12. Réflexions critiques sur la Grammaire & les Racines Hébraïques, imprimées par Colombat. Ces Réflexions sont imprimées dans un des Journaux de Trevoux.

13. Lettre

23. Lettre de *Rabbi Ismael-ben-Abraham*, Juif converti, à M. l'Abbé Houtte-ville, sur son Livre intitulé : *La Religion Chrétienne prouvée par les faits*. Paris 1722. chez Thibouft.

24. *Monacah*, Ceinture de douleur, ou réfutation du Livre intitulé : *Régles pour l'intelligence des Saintes Ecritures*, composée par *Rabbi Ismael-ben-Abraham*, Juif converti. Paris 1723. chez Thibouft.

25. Réflexions Critiques sur les Hiftoires des Anciens Peuples Chaldéens, Hébreux, Phéniciens, Egyptiens, Grecs, &c. jusqu'au tems de Cyrus. in-4°. 2. vol. Paris 1735. chez Bullot. Nouvelle Edition. Paris 1747. chez de Bure, l'Aîné.

16. *Meditationes Sinicæ*, in-folio. Paris 1737. chez Bullot.

27. Catalogue de tous les Livres Chinois, Tartares & Indiens de la Bibliothéque du Roi, imprimé dans le premier volume des anufcrits de la Bibliothéque Royale, publié en 1739.

28. *Linguæ Sinarum Mandarinicæ Hieroglyphicæ duplex*, & item Sinicorum Regiæ Bibliothecæ Librorum Catalogus, &c. Juffu Ludovici Decimi Quinti. Ouvrage dédié au Roi. Paris 1742. chez Bullot. in-folio.

DISSERTATIONS

Lûes à l'Académie, & imprimées, soit dans les Mémoires, soit dans l'Hiftoire de la même Académie.

19. Differtation fur l'Enfer Poëtique, 1714. *Hift. de l'Académie* tom. 3. pag. 5.

20. Sur les Juifs Helleniftes, 1716. *Hift. de l'Académie* tom. 3. pag. 105.

21. Sur l'Art Poëtique & fur les Vers des anciens Hébreux, 17. d'Avril 1714. *Mém. de l'Acad.* tom. 4. pag. 467.

22. Contre l'opinion commune fur la durée du Siége de Troye, avec la Replique à M. Banier. *Hift. de l'Acad.* tom. 5. pag. 53.

23. Des Régles de Critique qu'on doit obferver dans le rétabliffement des textes altérés ; avec quelques exemples qui en découvrent l'ufage, 1720. *Hift. de l'Acad.* tom. 5. pag. 70.

24. Des Citations, 1720. *Hift. de l'Acad.* tom. 5. pag. 74.

25. De quelle maniere on doit entendre une Strophe de l'Ode 32. du premier Livre d'Horace, 1721. *Hift. de l'Acad.* tom. 5. pag. 219.

26. Sur la Littérature Chinoife, 1722. *Hift. de l'Acad.* tom. 5. pag. 312.

27. Réflexions fur la fignification du mot $E'\ddot{i}\chi o\varsigma$, 1726. *Hift. de l'Acad.* tom. 7. pag. 193. & 197.

28. Sur l'utilité des Langues Orientales, pour la connoiffance de l'Hiftoire ancienne de la Gréce, où l'on explique les Fables des Gorgones, & l'Infcription du Monument de Sardanapale, 1730. *Hift. de l'Acad.* tom. 7. pag. 219.

29. Sur quelques Médailles Phéniciennes, & en particulier fur l'étymologie du nom de Malte, 1731. *Hift. de l'Acad.* tom. 9. pag. 157.

30. Sur l'époque de la Ponctuation Hébraïque de la Maffore, telle qu'elle eft aujourd'hui, dont l'Auteur jufqu'ici inconnu, eft défigné par un Manufcrit de la Bibliothéque du Roi, 23. Novemb. 1734. *Mém. de l'Acad.* tom. 13. pag. 491.

31. Differtation fur les Annales Chinoifes, où l'on examine leur époque & la croyance qu'elles méritent, 18 Mai 1734. *Mém. de l'Acad.* tom. 13. pag. 507.

32. Mémoire Hiftorique fur le Sabiifme, ou la Religion des Anciens Sabiens, appellés aujourd'hui Sabis, Sabaïtes, Mandaïtes, ou les Chrétiens de

Tome I.   C

St. Jean, 13. Novemb. 1736. *Mém. de l'Acad.* tom. 12. pag. 16.

33. Que les Septante n'ont pû faire leur traduction telle qu'elle est, que sur un Texte Hébreu ponctué, en 1740. *Hift. de l'Acad.* tom. 14. pag. 179.

34. Differtation fur l'Ouvrage d'Evhémere, intitulé: Ιερὰ Αναγραφὴ ; fur la Panchaïe dont il parloit, & fur la relation qu'il en avoit faite, 6. Septembre 1740. *Mém. de l'Acad.* tom. 15. pag. 265.

DISSERTATIONS

Lûës à l'Académie , & reftées Manufcrites.

35. Differtation fur la décadence de la Langue Hébraïque, la formation de la Langue Syriaque, & la Dialecte Galiléenne.

36. Sur les Commencemens, les Progrès & la Décadence de la Langue Grecque.

37. Sur un paffage de la feconde Philippique.

38. Sur le Verfet de la Genèfe, *ifte cœpit invocare nomen Domini.*

39. Sur la premiere Langue du Monde.

40. Sur les Pierres gravées, appellées *Abraxas.*

41. Notes fur quelques Vers de l'Œdipe de Sophocle.

42. Raifonnemens que l'on peut faire fur le paffage de Thucydide, où il eft parlé du Gouvernement de Lacédemone.

43. Réflexions fur une Infcription trouvée à Alep, où il eft parlé des Dieux Madbachus & Selaman.

44. La véritable connoiffance d'Homere, avec la Réfutation des Paradoxes de M. l'Abbé Terraffon, & de M. l'Abbé d'Aubignac fur l'Iliade.

45. Le Pfeaume *Exurgat*, traduit en François, avec des notes.

46. *Confpectus Commentarii in Pfalmos.*

47. Differtation fur les vieux Romans François Manufcrits.

48. Réflexions fur les termes de *Fagfour*, d'*Altounkhan* & de *Tamgadge*, que l'on trouve dans les Auteurs qui ont écrit de la Chine.

49. Differtation fur le fens que préfentent les Clefs Chinoifes.

50. Sur les commencemens de l'Hiftoire Chinoife, par rapport à l'Invention des Arts.

51. Explication d'une Infcription Arabe, trouvée fur un Vafe de Palmier.

52. Mémoire fur les Langues Orientales.

53. Explication d'une Médaille Palmirenienne.

54. Differtation où l'on donne la véritable définition de la Poëfie, & les conféquences que l'on en doit tirer.

55. Réflexions fur les Ouvrages de Defpreaux. (non achevé).

56. Differtation où l'on rapporte les différens fentimens fur le nombre & la difficulté des Caracteres Chinois.

57. Contre l'opinion du P. Magalhanes & de Muller fur la facilité de la Langue Chinoife.

58. Sur les diftinctions qu'il faut faire lorfque l'on parle de la Langue Chinoife, & que, faute de les avoir faites, les Auteurs qui en ont parlé, fe font la plûpart trompés.

59. Sur les Auteurs qui fe font appliqués à faire connoître la Langue Chinoife.

60. Sur les Manufcrits Hébreux de la Bible en général.

61. Sur les fcholies qui fe trouvent répanduës dans le texte Hébreu de l'Ancien Teftament.

Ouvrages particuliers fur les Langues.

62. *Etymologicon Linguæ Latinæ.* (Il y manque cinq Lettres qui ont été perduës.)

63. Les Déclinaisons & Conjuguaisons Latines ramenées à la véritable Analogie.
64. Grammaire Grecque, avec le Dictionnaire Analogique, & Etymologique.
65. Abrégé de la Grammaire Hébraïque, approuvée par M. M. l'Abbé Sallier & Burette de l'Académie des Inscriptions en 1718.
66. Grammaire Hébraïque étenduë, mise en ordre Géométrique, approuvée par M. Pinsonnat en 1707.
67. Les Racines de la Langue Hébraïque mises en Vers François, & par stances.
68. Les mêmes Racines, avec les dérivés au bas des stances.
69. Les Vocables Racines de la Langue Hébraïque arrangées dans l'ordre de leurs deux dernieres Radicales.
70. Les Racines de la Langue Syriaque mises en Vers François.
71. Discours sur la Langue Syriaque, son utilité & son étenduë.
72. Grammaire Arabe à l'usage du Collége Royal de France.
73. Abrégé de la Grammaire Arabe.
74. Les Racines de la Langue Arabe mises en Vers François.
75. Les mots Arabes primitifs, arrangés en rimes ou consonnances.
76. Traduction du Dictionnaire Espagnol-Arabe, intitulé : *Vocabulista Arabigo en Letra Castelana.* Ce Dictionnaire représente la vraye prononciation des Maures d'Espagne , & M. Fourmont y a joint les Caracteres Arabes.
77. Réforme du Vocabulaire Arabe de Thomas de Novara.
78. Harangue Latine sur l'étenduë & l'utilité de la Langue Arabe.
79. Notes sur la Langue Ethiopienne.
85. Les Conjuguaisons Turques ramenées à une Analogie facile.
81. Grammaire de la Langue Persanne.
82. Commencement des Racines Allemandes & Angloises.

Ouvrages de Critique & de Philologie Sacrée & Profane.

83. Texte d'Anacréon rétabli , avec des Notes critiques sur les différentes Traductions qui en ont paru. *Il y manque quelques feuilles.*
84. Commencement de Traduction de l'Hippolite d'Euripide.
85. Recuëil de Passages sur les Géants.
86. Essai de Grammaire sur la premiere Langue du Monde.
87. Traité sur les Pierres gravées , appellées Abraxas.
88. Comparaison des Auteurs Juifs , avec les Ecrivains des autres Nations.
89. Réfutation du Systême de M. Masclef.
90. Remarques sur les 4. Lettres du P. Calmet contre M. Fourmont.
91. Réponse aux Extraits des Journalistes de Trevoux, touchant les Lettres contre le P. Calmet.
92. Lettres à *Rabbi Cohen* , Juif, & à quelques autres Sçavans, sur des matieres de Controverse Juive , & sur le sens de quelques passages difficiles de l'Ancien Testament.
93. Les Nouveaux Millénaires, ou Réfutation du prétendu retour des Juifs à Jerusalem.
94. Lettre à M. l'Abbé d'A. . . sur le Livre des *Régles pour l'intelligence de l'Ecriture Sainte* , approuvée par M. Leullier en 1724.
95. Apologie adressée à M. le Cardinal de Noailles, Archevêque de Paris.
96. Les Difficultés Littérales des Auteurs anciens & modernes, où projet d'un nouveau Journal.
97. Réflexions critiques sur l'Extrait du Livre intitulé : *Mouácah* , mis par un Auteur Anonyme dans le Journal de Trevoux.
98. *Commentarius R. Abenesra in Ecclesiasten* ex Linguâ Rabbinicâ in Latinam versus , ac notis Philologicis illustratus.

99. Le Théologien ; ou les Connoiſſances néceſſaires à ceux qui veulent étudier la Théologie d'une maniere ſolide. (non achevé).

100. Nouvelle Critique Sacrée, ou Connoiſſance générale des difficultés préliminaires de l'Ancien & du Nouveau Teſtament, avec leurs ſolutions en 4. Livres. (non achevé).

101. Réflexions Critiques ſur quelques endroits particuliers de la Genèſe. (non achevé).

102. *Poëſis Hebræorum reſtituta*, & ab hoc ſæculo ad Chriſtum, inde ad Eſdram, Davidem ac Moſem aſcendendo reducta.

103. *De Titulis Pſalmorum Diſſertatio Critica ac Philologica*, in quâ voces ac phraſes Titulorum, quæ hactenùs inintellectæ ferè omnes, ex antiquorum Hebræorum monumentis adverſùs Commentatores tum Hebræos, tum noſtros, exponuntur.

104. *Commentarii in Pſalmos & Cantica Scripturæ omnia Critici ac Philologici*, methodo planè novâ, quæ & editos hactenus Commentarios breviter repræſentet, & novum abſque ullâ ſenſûs interruptione exhibeat : Pſalmi ex occaſionibus chronologicè diſpoſiti : Argumenta in Pſalmum unumquemque novem : Textus 4. Hebraïcus, Græcus *τῶν*, Latinus Verſionis novæ. Quibus additæ Annotationes generis duplicis, in ſenſum aliæ, aliæ in Verſus, id eſt Strophas, Conſonantias, Dictionem Poëticam, Emendationes, &c. *Il manque à ce grand Ouvrage un nombre aſſez conſidérable de Pſeaumes qui ont été égarés.*

105. Le Pſeautier traduit de l'Hébreu en François.

106. *Textus Hebraïcus Jobi*, ex indubitatis Hebraïcorum Verſuum regulis emendatus, & notis illuſtratus Proſodicis.

107. *Textus Hebraïcus Proverbiorum*, ex iiſdem Proſodiæ legibus, indicatâ ſcholiorum additione, correctus.

108. *Textus Hebraïcus Cantici Canticorum* ad ſuos Verſus reductus, & notis illuſtratus.

109. *Commentarius in Jobum novus*, Criticus ac Philologicus duplex. Alter, in quo voces ac Phraſes Hebraïcæ elucidantur : Alter, in quo Jobi ac Sociorum Argumenta, hactenùs malè expoſita, clarè ac philoſophicè judicantur.

110. Notes ſur différens Livres de l'Ecriture-Sainte.

111. Commentaire Hiſtorique de l'Apocalypſe.

112. Examen du Pſeautier publié en Angleterre par M. Hare Evêque de Cicceſter.

Ouvrages ſur la Langue Chinoiſe.

113. Comparaiſon de la Grammaire Chinoiſe du P. de Prémare, & de celle de M. Fourmont.

114. Dictionnaire Chinois-Latin, par tons.

115. Dictionnaire Chinois-Latin, par clefs.

116. Dictionnaire Latin-Chinois.

117. Dictionnaire François-Chinois.

118. Dictionnaire Hiſtorique, Chronologique & Géographique de l'Empire de la Chine.

119. Réfutation de pluſieurs Mémoires concernans la Littérature 

F I N.

AVERTISSEMENT

9 782013 447928